# MILTON FRIEDMAN

Ein klassisch Liberaler &
Vertreter der freien Marktwirtschaft

Business 50MINUTEN.de

# MILTON FRIEDMAN

Ein klassisch Liberaler &
Vertreter der freien Marktwirtschaft

Verfasst von Ariane de Saeger
In Zusammenarbeit mit Brigitte Feys
Übersetzt von Leonie Kremer

Business 50MINUTEN.de

# MILTON FRIEDMAN

## PROFIL

- geboren: 31. Juli 1912 in New York
- gestorben: 16. November 2006 in San Francisco
- Kontext: Seine Zeit wird von der freien Marktwirtschaft geprägt, in der staatliche Eingriffe vermieden werden sollen.
- Strömung: liberale Prägung, Chicagoer Schule, Monetarismus
- bekannteste Werke:
  - *Income from Independent Professional Practice* (mit Co-Autor Simon Kuznets), 1945
  - *The Methodology of Positive Economics*, 1953
  - *Studies in the Quantity Theory of Money*, 1956
  - *Kapitalismus und Freiheit*, 1962
  - *A Monetary History of the United States* (mit Co-Autorin Anna J. Schwartz), 1963
  - *Chancen, die ich meine*, 1980
- Schlüsselwörter:
  - Aktien: An der Börse sind Aktien Anteile an einem Unternehmen. Investoren kaufen Anteile einer oder mehrerer Unternehmen,

mit dem Ziel Dividenden zu erhalten und beim Verkauf einen Gewinn zu erzielen, wenn ihr Wert gestiegen ist. Der Wert der Aktie und die Dividende bilden zusammen den Return on Investment (ROI), oder die Eigenkapitalrentabilität (EKR) der Aktie.

- Börse: Ort, wo Angebot und Nachfrage eines Finanzprodukts (zum Beispiel Wertpapiere) zusammengeführt werden
- Marktwirtschaft: System, in dem die Wirtschaftsakteure (Unternehmen und Privatpersonen) Güter, Dienstleistungen und Kapital kaufen und verkaufen können. Jeder handelt nach seinen eigenen Interessen: Der (positiv angesehene) Profit entspricht hier der Risikoentschädigung.
- Planwirtschaft: Wirtschaftssystem in dem der Staat, oder andere berechtigte Institutionen, die Entscheidung über Investitionen, Produktion und Preisgestaltung trifft. Die Planwirtschaft steht im Gegensatz zur Marktwirtschaft.
- Börsenkrach 1929: In diesem Jahr stieg der Zinssatz, der Börsenkurs stagnierte und zahlreiche Menschen verkauften gleichzeitig ihre Aktien, um ihre Kredite zurückzuzahlen.

In der Folge kam es zu einem extremen Kurseinbruch.

- Freihandel: Der Freihandel ist eine Form des Handels, in der Handelshemmnisse abgebaut werden und internationale Transaktionen frei möglich sind. Im Gegensatz dazu beschützt der Protektionismus die Wirtschaft eines Landes vor ausländischer Konkurrenz durch (tarifäre) Handelshemmnisse wie Steuern. Wenn beispielsweise Land A innerhalb seiner Grenzen Probleme bei der Produktion und dem Verkauf von Milch hat, wird es für alle Ländereine Steuer einführen, die Milch zu einem günstigeren Preis im Land A verkaufen könnten. Im Freihandel werden solche Schutzmaßnahmen gegen die Konkurrenz abgebaut.
- Börsenmechanismus: Wenn der Zinssatz der Bankdarlehen niedrig ist, nehmen die Menschen größere Darlehen auf, um im größeren Umfang an der Börse zu investieren. Wenn der Zinssatz wieder steigt, verkaufen sie ihre Investitionen (z. B. Aktien), um ihre Darlehen zu begleichen und aus dem Verkauf einen Gewinn zu erzielen. Damit dieser Mechanismus funktioniert, muss

der Darlehenszins niedrig sein und die Börsenkurse stetig wachsen.

- Flexibler Wechselkurs („Floating"): Im Gegensatz zum fixen Wechselkurs entwickelt sich der flexible Wechselkurs frei nach Angebot und Nachfrage. Wenn z. B. ein Europäer ein Darlehen bei einer amerikanischen Bank haben möchte, setzt die Rückzahlung des Darlehens einen Austausch von Devisen voraus, um die Bank in Dollar zu bezahlen. Wenn diese ein Darlehen mit flexiblem Wechselkurs vorschlägt, heißt das, dass die Höhe des zurückzuzahlenden Darlehens entsprechend des Wechselkurses am Markt variiert.
- Hypothese permanenter Einkommen: Milton Friedmans Theorie von 1957 geht davon aus, dass das Konsumentenverhalten nicht von ihrem aktuellen Einkommen abhängt, sondern von ihrem Lebenszeiteinkommen, das heißt dem Einkommen, das sie auf lange Sicht erwarten.
- Neoklassische Theorie: Diese Theorie aus dem 19. Jahrhundert soll die liberalen Ideen der Vertreter der klassischen Nationalökonomie wie Adam Smith (schottischer Ökonom,

1723-1790) und David Ricardo (englischer
Ökonom, 1772-1823) stärken, die zwischen-
zeitlich angefochten worden waren.

## EINLEITUNG

Die jungen Jahre des Wirtschaftswissenschaftlers
Milton Friedman überschneiden sich mit
den Goldenen Zwanzigern. Diese Periode
der Geschichte war geprägt durch eine stark
florierende Wirtschaft, die stärker war als die
200 Jahre zuvor, sowie durch die wirtschaftlichen Revolutionen, die das Automobil und
die Elektrizität mit sich brachten. Zu dieser
Zeit waren die Vereinigten Staaten, noch vor
Deutschland, Frankreich und England, die
führende Wirtschaftsmacht. Das lag an zwei
Gründen:

- Die Verbreitung neuer Konsumgüter, wie
  Autos, Öl, Radio etc.
- Die wirtschaftliche Eroberung Europas, vor
  allem durch multinationale Konzerne (Coca-
  Cola, General Electric, Ford etc.), die ein globa-
  les Marketing einsetzten.

Zudem stieg das Pro-Kopf-Einkommen zwischen 1921 und 1930 von 522 auf 716 Dollar und der Aktienmarkt wuchs um 300 %, obwohl die amerikanische industrielle Produktion lediglich um 50 % stieg. Die Börsenkurse wuchsen damit schneller als die reale Produktion und der Gewinn der Unternehmen, wodurch die Vereinigten Staaten in einen Teufelskreis gerieten, denn die Börse kontrollierte von da an die Wirtschaft.

Während seiner Jugend erlebte Milton Friedman die Wirtschaftskrise (Börsenkrach 1929) und die darauffolgende Hungersnot, den Anstieg von Extremismus, Xenophobie und Antisemitismus, sowie schließlich den Zweiten Weltkrieg.

Die Folgeschäden der Krise von 1929 waren so verheerend, dass schon bald einige Politiker eine erneute Planwirtschaft befürworteten. Aus diesem Grund wurden zahlreiche Reformen angepasst. Der damalige demokratische Präsident der Vereinigten Staaten, Franklin Roosevelt (1882-1945), führte 1933 den *Glass-Steagall Act* ein, der eine Trennung zwischen der Verwaltung von Banken und Börse vorsah, um eine totale Transparenz der Bank- und Finanzgeschäfte zu garantieren und das Vertrauen der Bevölkerung wiederzugewinnen.

# LEBEN

## BIOGRAFIE

### Jugend und Ausbildung

Milton wurde 1912 in Brooklyn in eine bescheidene Familie jüdisch-ungarischer Immigranten hineingeboren. Er begann schon früh eine herausragende akademische Laufbahn. Bereits kurz nach seinem 16. Geburtstag (1928) schloss er die weiterführende Schule ab und studierte zunächst an der Rutgers University (New Jersey), wo er 1932 seinen Bachelor of Arts erhielt. Danach studierte er Mathematik und Ökonomie. Anschließend wechselte er an die University of Chicago. Danach vertiefte er ein Jahr lang seine Kenntnisse in Statistik an der Columbia University, wo er George Joseph Stigler (amerikanischer Wirtschaftswissenschaftler, 1911-1991) kennenlernte. Etwas später kehrte er nach Chicago zurück und arbeitete dort als wissenschaftlicher Mitarbeiter zusammen mit dem Wirtschaftswissenschaftler und Statistiker Henry Schultz (1893-1938).

In der gleichen Zeit lernte er seine zukünftige Frau, Rose Director (amerikanische Wirtschaftswissenschaftlerin, 1911-2009), kennen, deren Einfluss man in einigen von Friedmans Werken deutlich erkennt. Die beiden bekamen zwei Kinder. Ihr Sohn David D. Friedman studierte und spezialisierte sich dann, wie auch seine Eltern, auf Wirtschaft. Er schloss sich einer anarchokapitalistischen Strömung an, die ein (Wirtschafts-)System ohne staatliches Intervenieren befürwortet.

## Vom Dozenten zum Nobelpreisträger

Als Milton Friedman 1935 sein Studium beendete, fand er nicht sofort einen Arbeitsplatz als Hochschuldozent und beschloss deshalb eine Anstellung beim Staat im Rahmen der Maßnahmen von Präsident Roosevelt, die zahlreiche Arbeitsplätze für Wirtschaftswissenschaftler schafften, anzunehmen. Im selben Jahr führte er eine Konsumstudie im *National Ressource Committee* durch. 1937 arbeitete er für das *National Bureau of Economic Research* (NBER), wo er dem amerikanischen Wirtschaftswissenschaftler Simon Kuznets

(1901-1985) bei seiner Analyse des Einkommens half. Von 1941 bis 1943 wurde er auf Empfehlung beim Finanzministerium der Vereinigten Staaten angestellt, wo er an der Steuerpolitik während des Kriegs arbeitete.

Zwischen 1945 und 1946 begann Friedman seine Karriere als Hochschuldozent an der University of Minnesota an der Seite von George Stigler, und führte sie 1946 als Wirtschaftsprofessor an der University of Chicago weiter. Milton Friedman wurde eine führende Persönlichkeit der „Chicagoer Schule", einer informellen Gruppe liberaler Wirtschaftswissenschaftler, und entwickelte eine monetaristische Position, die ebenfalls von George Stigler, Ronald Coase (englischer Wirtschaftswissenschaftler, 1910-2013), Gary Stanley Becker (amerikanischer Wirtschaftswissenschaftler, 1930-2014) und Robert Emerson Lucas (amerikanischer Wirtschaftswissenschaftler, geboren 1937) ver-treten wurde.

Parallel zu seinem Beruf als Dozent, veröffent-lichte er mehrere Werke, die seine Bekanntheit in der amerikanischen Bevölkerung, sowie bei Politikern erhöhte. 1953 erschien *The*

*Methodology of Positive Economics*, das sehr kontrovers aufgenommen wurde, aber heute als Referenz für gegenwärtiges ökonomisches Denken gilt. *Kapitalismus und Freiheit* von 1962 gilt als einer der provokantesten Klassiker der Wirtschaftswissenschaft.

Milton Friedmans Arbeiten beeinflussten stark die Politik der britischen Premierministerin Margaret Thatcher (1925-2013) und die des amerikanischen Präsidenten Ronald Reagan (1911-2004).

Ende der 60er Jahre war Friedman gleichzeitig als Journalist für das Nachrichtenmagazin *Newsweek* und als Wirtschaftsberater offizieller Institutionen tätig, wodurch er mehr und mehr in die Öffentlichkeit rückte. Außerdem arbeitete er für die amerikanischen Präsidenten Richard Milhous Nixon (1913-1994) und Ronald Reagan.

Im Jahr 1976 erhielt er den Nobelpreis für seine Entdeckung auf dem Feld der Analyse des Konsums, zur Geldgeschichte und -theorie und für seinen Beweis der Komplexität der Stabilitätspolitik.

In den 80er und 90er Jahren war Milton Friedman häufig in den Medien zu sehen. Er benannte sogar ein Buch nach seiner Fernsehsendung *Free to choose*. Außerdem nutzte er seine vielen Reisen, um seine Theorien zu verbreiten. Zusammen mit seiner Frau gründete er 1996 die Stiftung *Friedman Foundation for Educational Choice*, die Eltern in Bildungsfragen berät und unterstützt. Heute existiert sie unter dem Namen *EdChoice*.



## Henry Schultz (amerikanischer Wirtschaftswissenschaftler, 1893-1938)

Nachdem Henry Schultz 1926 seinen Doktortitel in Columbia University erhielt, wurde er Professor an der Universitty of Chicago. Diesen Beruf übte er Zeit seines Lebens aus, wodurch er auch Milton Friedman kennenlernte, der ihm bei seiner Forschung geholfen hat.

Er gilt als großer amerikanischer Wirtschaftsstatistiker und ist Mitbegründer der Ökonometrie, deren Ziel die Überprüfung von Wirtschaftsmodellen mithilfe von statistischen Daten ist. Er gehört mit zu den ersten und bekanntesten Vertretern der Chicagoer Schule und widmete einen Großteil seiner Zeit der statistischen Einschätzung von Angebot und Nachfrage.

## George Joseph Stigler (amerikanischer Wirtschaftswissenschaftler, 1911-1991)

George Joseph Stigler war amerikanischer Wirtschaftswissenschaftler und wurde nach seiner Promotion 1938 an der University of Chicago Dozent. Zwischen dem Wissenschaftler und Milton Friedman entstand schnell eine Freundschaft, da sie die gleiche Meinung über den Monetarismus teilten.

Stiglers Arbeiten erstrecken sich über drei Sachgebiete:

- Geschichte der Wirtschaftswissenschaft, wobei sich seine Arbeit auf den Nachweis der Effizienz des Liberalismus konzentrierte;
- Mikroökonomie und das Konkurrenzmodell;
- ökonomische Theorie der Regulierung: Stigler zufolge löst der Markt die meisten Probleme selbst, weswegen es falsch wäre zu behaupten, dass der Staat intervenieren muss, um die Fehler des Markts zu beheben. Wie Friedman

leitete Stigler während Nixons und Reagans Amtszeit weitreichende Reformen zur Liberalisierung ein.

Im Jahr 1982 erhielt er den Nobelpreis für seine Wirtschaftstheorie über Ursachen und Wirkungen von Marktregulierung.



Die positive Theorie der Regulierung, auch „Regulatory capture" (Vereinnahmung einer Regulierungsbehörde), kritisiert das Intervenieren des Staats in die Wirtschaft. Stigler erklärt einerseits, dass in einem System, in dem der Staat regulatorische oder unterstützende Rechte hat und Industrien zu gewissen Normen verpflichten kann, die politischen Entscheider das kollektive Wohl zunichtemachen, indem sie die Regulierungen zu ihrem eigenen Vorteil nutzen. Andererseits zeigt er, dass die staatliche Intervention das Resultat eines einfachen Mechanismus ist zwischen den Anbietern (Beamte und politische Entscheidungsträger) und den Nachfragern (Unternehmer und Unternehmensvereinigungen) der Regulierung. Stigler beweist, dass dieser Marktmechanismus zugunsten der Unternehmer verzerrt wird, die sich zur Durchsetzung ihrer Interessen zusammenschließen, ohne dabei den Verbraucher zu berücksichtigen, der dagegen machtlos ist.

## Friedrich August von Hayek (österreichischer Wirtschaftswissenschaftler, 1899-1992)

Der Wirtschaftswissenschaftler und Philosoph Friedrich August von Hayek war ein starker Befürworter des Liberalismus. Er stellte sich gegen den Sozialismus und jede Form staatlichen Intervenierens.

Eines seiner Hauptwerke ist eine Vertiefung von Ludwig von Mises' Konjunkturtheorie (österreichisch-amerikanischer Wirtschaftswissenschaftler, 1881-1973), die besagt, dass eine Wirtschaftskrise durch die expansive Geldpolitik der Zentralbank provoziert wird. Diese Politik besteht darin, dass die Zentralbank den Leitzins senkt, um so Investitionen attraktiver und Kredite weniger kostspielig zu machen. Von Hayek kritisiert, dass das Intervenieren der Zentralbank das Gleichgewicht verzerrt. Wenn die Haushalte mehr Geld haben, würden die Preise steigen und die getätigten Investitionen werden sich als nicht so rentabel erweisen wie gedacht. Der Wirtschaftswissenschaftler ist daher gegen das Eingreifen der Zentralbank, damit die Preise von alleine wieder ins Gleichgewicht geraten. Obwohl dies eher unrealistisch erscheint, ergänzt er, dass das Preisniveau und das monetäre Gleichgewicht aus vollständiger Konkurrenz entstehen müssen, ganz ohne tarifäre Handelsbarrieren.

Für diese Theorie wurde der Wirtschaftswissenschaftler und Philosoph 1974 mit dem Wirtschaftsnobelpreis ausgezeichnet.

## Ronald Coase (britischer Wirtschaftswissenschaftler, 1910-2013)

Ronald Coase studierte Betriebswirtschaft und Wirtschaftswissenschaft in England, bevor er an der University of Chicago Dozent und Chefredakteur des *Journal of Law and Economics* wurde. Coase hat einen zweifachen Beitrag geleistet:

- Einerseits beschäftigte er sich mit der Nichtexistenz von Unternehmen in der neoklassischen Theorie und stellte die Effizienz der Marktwirtschaft in Frage. Er beobachtete, dass der Rückgriff auf den Markt von einem Unternehmen (beispielsweise wenn es mit einem Zulieferer einen Vertrag aushandelt) Kosten verursacht, die so genannten „Transaktionskosten". Auch wenn diese durch eine hierarchische Organisationsform vermieden werden können, würden dann andere Kosten entstehen, nämlich für diese Organisation. Seiner Meinung nach müssen diese beiden Kosten verglichen und analysiert werden, um im vollen Wissen über die Kostenursachen die rentabelste Lösung zu finden, das heißt, entweder auf den Markt zurückzugreifen oder die Tätigkeit ins Unternehmen selbst einzubinden.
- Andererseits entwickelt er das Konzept der externen Effekte von Unternehmen.

eine dritte Person. Wenn zum Beispiel ein Unternehmen Abfall produziert und diesen in einen See entsorgt, hat der verschmutzte See einen negativen Effekt auf die Gesundheit des Fischers, dem der See gehört. Es stellt sich die Frage, ob eine (staatliche) Intervention erforderlich ist, oder ob eine Einigung zwischen den beiden Parteien genügt.

Coase hinterfragt die Notwendigkeit, eine Wirtschaftstätigkeit zugunsten der Umwelt einzuschränken. Ihm zufolge sind die externen Effekte nicht durch staatliches Intervenieren, sondern durch einen Austausch der Verfügungsrechte zwischen privaten Teilnehmern zu regeln.

Coase erhielt 1991 den Wirtschaftsnobelpreis für seinen Beitrag zur Wirtschaftswissenschaft.

## John Maynard Keynes (britischer Wirtschafts-wissenschaftler, 1883-1946)

John Keynes ist eine der bedeutendsten Wirtschaftsfiguren des 20. Jahrhunderts. Er vertrat die Einführung einer Planwirtschaft, um so der Ungewissheit der Zukunft entgegenzusteuern.

Keynes war Dozent in Cambridge und für eine kurze Zeit Repräsentant des britischen Finanzministeriums. Seine revolutionäre Wirtschaftsvision entstand während der Wirtschaftskrise, die 1929 die traditionellen Vorstellungen nachhaltig erschütterte. Sein Hauptwerk *Allgemeine Theorie der Beschäftigung, des Zinses und des Geldes*, das er zu dieser Zeit verfasste, bezeugt diesen Umstand.

Keynes' Einfluss und Bekanntheitsgrad erreichten während des Zweiten Weltkriegs ihren Höhepunkt, als er 1944 Großbritannien bei den Verhandlungen zur der Währungsordnung nach dem Krieg vertrat. Diese hatte die Förderung des Welthandels zum Ziel. Keynes entwickelte dazu einen Rahmen zur optimalen Verwaltung der Währungen. Jedes Land sollte bei der neu geschaffenen International Clearing Union ein Guthaben in der Weltwährung Bancor haben. Alle Defizite und Überschüsse der Handelsbilanzen sollten darüber geregelt werden. Am Ende wurde dieser Plan eines internationalen Systems nicht umgesetzt, da der amerikanische Wirtschaftswissenschaftler Harry Dexter White (1892-1948) seine Vorstellung eines internationalen Währungssystems, den „Goldstandard", durchsetzte.

# FRIEDMANS WERK ALS BEITRAG ZUR WIRTSCHAFTS- GESCHICHTE

Milton Friedmans Hauptwerke *Kapitalismus und Freiheit* (1962), *A Monetary History of the United States* (1963) und *Chancen, die ich meine* (1980) hatten einen bedeutenden Einfluss auf die Wirtschaftswissenschaftler und Politiker des 20. Jahrhunderts.

## *KAPITALISMUS UND FREIHEIT* (1962)

### Kontext

Das Buch wurde zu einer Zeit veröffentlicht, als Keynes' Theorien die Politik der Wirtschaftswelt dominierten. *Kapitalismus und Freiheit* beweist, dass Inflation und Arbeitslosigkeit das Wirtschaftswachstum bremsen. Bis heute gilt es als eines der bedeutendsten Werke seit dem Zweiten Weltkrieg, da es auch im gegenwärtigen

Wirtschaftskontext immer noch aktuell ist. Der Autor behandelt darin wichtige Themen, wie Währung, Bildung, Konkurrenz und Regulierung.

## Hauptkonzept: Wirtschaftsfreiheit

Friedmans Hauptkonzept in diesem Werk kann folgendermaßen zusammengefasst werden:

**Die Wirtschaftsfreiheit und die Entwicklung der gesellschaftlichen und politischen Freiheit**

WF+x = Entw. ZF und PF
aber Entw. ZF und PF + x ≠ WF

WF = Wirtschaftsfreiheit
Entw. ZF und PF = Entwicklung zivile Freiheit und politische Freiheit
X = andere Faktoren



Die Vertreter des Liberalismus, darunter Friedman, schreiben allen Menschen natürliche Rechte zu, die nicht verletzt werden dürfen. Um diese zu beschützen, sollen daher gesellschaftliche Verpflichtungen (dazu gehört ebenfalls staatliches Intervenieren) vermieden werden, da diese die wirtschaftlichen und staatsbürgerlichen Freiheiten der Bevölkerung einschränken.

Friedman befürwortet deshalb:

* absolute Freiheit der Individuen
* Privatinitiative
* freien Wettbewerb

Friedman fordert eine Marktwirtschaft, wo staatliche Interventionen auf ein Minimum reduziert werden, um der Bevölkerung eine möglichst umfassende Freiheit zu gewährleisten. Allerdings ist eine absolute Freiheit (oder Anarchie) weder möglich noch nachhaltig, weswegen Friedman einräumt, dass das Einschreiten der Regierung nötig ist, um die Einhaltung von gewissen Regeln zu sichern (Recht und Ordnung etc.).

Wie die absolute gesellschaftliche Freiheit, kann auch politische Freiheit Missstände zur Folge haben, beispielsweise Diktaturen, und damit die Wirtschaftsfreiheit behindern.

## Andere Konzepte: Die Freihandelstheorie und der Konsum

Friedmans zweites wichtiges Konzept ist die Freihandelstheorie im internationalen Handel.

Er stellt Keynes Ideen in Frage und formuliert seine Hypothese über das permanente Einkommen, wonach die Entscheidungen der Verbraucher nicht durch ihr tatsächliches Einkommen geleitet werden, sondern durch die Prognosen, die sie von ihren zukünftigen Einnahmen machen. Wenn diese Antizipationen stabil sind, ist auch der Konsum ausgeglichen, auch wenn das verfügbare Einkommen fällt oder steigt.

Friedman kritisiert als Monetarist auch die staatliche Währungskontrolle, die er als Auslöser von Gefahren und Missständen ansieht. Seiner Meinung nach hätte die Rezession nach dem Börsenkrach 1929 ohne das Intervenieren der Zentralbank nicht in einer Katastrophe geendet.

Friedman erklärt auch, dass der Staat die Aufgabe hat, die Sicherheit der Bürger sowie die Einhaltung der Regeln zu garantieren und zu intervenieren, wenn der Markt nicht funktioniert oder Schwächen zeigt (Beispiel: Monopole von bestimmten Unternehmen). Auch wenn die Freiheit durch das Einschränken staatlicher Eingriffe gefördert wird, kann man Friedman zufolge nicht völlig auf letztere verzichten.

Der Text handelt auch von der Rolle des Staats bei der Finanzierung von Bildung. Da Friedman Bildung für jeden als essentiell ansieht, schlägt er ein System mit „Bildungsgutscheinen" vor, mit dem man die Schüler und nicht die Einrichtungen unterstützt. Dies ist für ihn die Lösung mit dem kleinsten Übel.

Friedman stimmt also mit Keynes, der für Planwirtschaft einsteht, in keinem Punkt überein, da in seinen Theorien die Freiheit stets im Mittelpunkt steht.

## *MONETARY HISTORY OF THE UNITED STATES* (1963)

### Kontext

Milton Friedmans und Anna J. Schwartz stellen in ihrem Buch eine Theorie vor, die sich stark vom in dieser Zeit sehr populären Keynesianismus abhebt. Die beiden Autoren beweisen mit Statistiken und theoretischen Ansätzen, dass Keynes' Methode zur Unterstützung der Wirtschaft ineffizient ist. Ihre Konzepte greifen auch die Inhalte aus *Kapitalismus und Freiheit* wieder auf.

## Hauptkonzept: eine monetaristische Theorie in drei Punkten

Diese Theorie stützt sich auf die Quantitätstheorie des Geldes, die Irving Fisher (1867-1947) mathematisch erklärt hat.

**Quantitätsgleichung**

$$G \times U = P \times T$$

$T$ = Anzahl der Aktien oder Volumen der Transaktionen

$P$ = Preisniveau

$G$ = Geldmenge im Umlauf

$U$ = Umlaufgeschwindigkeit des Geldes



Friedman und Schwartz studieren die Geldumlaufgeschwindigkeit und kommen zu dem Ergebnis, dass die Geldmenge Auswirkungen auf das Preisniveau hat. Friedman zufolge sind Kredite einfacher zu erhalten, wenn die Zentralbank interveniert, indem sie den Zinssatz senkt, um die Wirtschaft anzukurbeln, allerdings würden dadurch auch die Preise steigen.

Ihre Theorie des Monetarismus enthält drei Aspekte:

1. Der Beweis der Ineffizienz von Keynes' Methode zur Unterstützung der Wirtschaft zeigt, dass in einer Zeit von Unterbeschäftigung bei Fixpreisen ein nachfragebedingter Aufschwung gleichbedeutend mit zunehmendem Konsum (das heißt, steigenden Ausgaben und zunehmender sich im Umlauf befindender Geldmenge) und steigendem Angebot (Produktion) ist. Milton Friedman weist diese Theorie als unrealistisch zurück und ist der Meinung, dass eine Inflation unabwendbar ist.

2. Bestätigung, dass die Inflation ein ausschließlich währungspolitisches Phänomen ist: Friedman setzt eine stabile Geldnachfrage entsprechend dem erzielten Einkommen der Wirtschaftsakteure voraus. Nicht jede Zunahme des Geldangebots (Zunahme des Einkommens), erhöht zwangsläufig in gleicher Weise den Geldbestand: Anstatt das Geld anzulegen, geben die Akteure es aus, was sich in einer Preiserhöhung (Inflation) niederschlägt.

Geldbestand: verfügbare Geldmenge für sofortige Ausgaben

Stagflation: wirtschaftlicher Kontext, der sich durch schwaches Wachstum und gleichzeitige Preisinflation charakterisiert

Inflation: Wertverlust des Geldes durch die Lohn-Preis-Spirale. Diese Spirale entsteht durch eine konstante Preis- und Gehaltserhöhung.

Deflation: Dieses Phänomen, bei dem das generelle Preisniveau sinkt, wird durch eine Marktstruktur mit starkem Wettbewerb und Produktivitätssteigerungen der Unternehmen ausgelöst.

3. Milton Friedman zeigt außerdem, dass die Behörden unter anderem dafür zuständig sein sollten, den Geldbestand zu kontrollieren, um Inflation bzw. Deflation zu vermeiden, denn diese werden durch eine erhöhte Ausgabe von Geld durch die Zentralbank ausgelöst, die die Ausgabe der Produktion übersteigt. Weiterhin zeigt er sich sehr kritisch gegenüber der Politik während der Weltwirtschaftskrise und be-

schuldigt das Federal Reserve System (Fed) der Vereinigten Staaten, für das Schadensausmaß des Börsenkrachs 1929 verantwortlich zu sein.

4. Um einer Inflation vorzusorgen, plädiert Friedman für eine Verringerung des Geldbestands und eine Erhöhung des Zinssatzes.

5. Hypothese einer struktur- und nicht konjunkturbedingten Geldpolitik. Da Geld nicht neutral ist und jede Variierung Konsequenzen für die restliche Wirtschaft hat, muss die Geldpolitik relativ stabil und strikt sein. Dadurch werden die (Preis-)Erwartungen der Verbraucher nicht durch Änderungen von zukünftigen Preisen verfälscht. Friedman zufolge wäre es am einfachsten, wenn die Währung ihren Wert nach einem fixen Kurs ändert.

## ZUR ERINNERUNG

Geldmenge: Geldmenge, die zu einem bestimmten Zeitpunkt in einer Wirtschaft im Umlauf ist. In Europa wird der Geldfluss von der Europäischen Zentralbank (EZB) reguliert, die das Liquiditätsniveau der verschiedenen Wirtschaftsakteure nach statistischen Indikatoren bestimmt.

Währungsinflation: Durch die Geldmenge kann die Wirtschaft hinsichtlich Knappheit aber auch Überschuss reguliert werden, wobei eine zu große Menge im Umlauf eine Inflation auslösen kann. Die Geldmenge erhöht sich also bei einem niedrigen Zinssatz, die Menschen konsumieren mehr, die Nachfrage ist höher als das Angebot und die Preise steigen.

## *CHANCEN, DIE ICH MEINE* (1980)

### Kontext

Dieses Werk baut auf Friedmans Fernsehsendung auf, die er mit seiner Frau Rose moderiert hat. Ihr Ziel war es, die Überlegenheit des Liberalismus gegenüber den anderen Wirtschaftssystemen zu zeigen.

Friedman verteidigt in *Chancen, die ich meine* drei Werte:

- individuelle Freiheit
- wirtschaftliche Freiheit
- Gleichheit

Dabei erklärt er die Konsequenzen, die auftreten können, wenn der Markt eine dieser Komponenten ignorieren würde.

## Die Theorie

Angenommen der Markt bestimmt seine Richtlinien und Grenzen frei über die Preise, dann haben letztere die Macht anhand der Präferenzen der Verbraucher und denen der Produkteure sich selbst zu regulieren und dies ohne jegliche staatliche Intervention. Auf diese Art erhalten die Wirtschaftsakteure Informationen direkt vom Markt, ohne Verzerrung durch den Staat, egal, ob es sich dabei um Regulierung oder eine andere Form der Intervention handelt. Friedman scheint sich darin Adam Smiths Theorie der unsichtbaren Hand anzunähern. Sie beschreibt ein Wirtschaftssystem, in dem die Akteure nach ihren persönlichen Interessen handeln und dadurch zum Allgemeinwohl beitragen: „Wer sein eigenes Interesse verfolgt, befördert das der Gesamtgesellschaft häufig wirkungsvoller, als wenn er wirklich beabsichtigt, es zu fördern." (Smith, Adam: *Der Wohlstand der Nationen* (1776)).

Friedman analysiert die wirtschaftlichen Probleme verschiedener Nationen im Laufe der Geschichte. Zum einen vergleicht er dabei kapitalistische Wirtschaft mit Planwirtschaft. Zum anderen betrachtet er den größten Wohlstand des Kapitalismus im Vergleich mit der Marktwirtschaft. Ihm zufolge liegt die Schwäche der Planwirtschaft darin, dass durch Handlungsfreiheit äußerst wichtige individuelle Anreize geschaffen würden, was aber in diesem System nicht möglich ist.

Friedmans Argument gegen Interventionismus ist, dass jede staatliche Intervention die Effizienz der Wirtschaft hemmt. Der Freihandel veranschaulicht dieses Phänomen: Dem Wirtschaftswissenschaftler zufolge stellen alle tarifären Handelshemmnisse bezüglich Importen und Exporten eine Handelsverzerrung dar, da sie Änderungen hinsichtlich Einkommen, Arbeitsmarkt und Produktion bewirken würden. Deshalb spricht sich Friedman klar für den Freihandel aus.

Obwohl er ebenfalls eine Regulierung im Gassektor, eine Tabaksteuer und eine Regelung des Bildungswesens ablehnt, relativiert er seine Position, indem er erklärt, dass einige interventionistische Maßnahmen nötig sind, da sie die Einkommensschwächsten mit negativer Besteuerung helfen könnten. Das Werk beschränkt sich damit nicht nur auf Kritik, sondern enthält ebenfalls Alternativvorschläge. Grundlage hierfür ist die Überzeugung, dass auf dem Markt basierende Programme leistungsstärker sind.

## GUT ZU WISSEN: POSITIVE UND NEGATIVE EINKOMMENSSTEUER

Während die positive Einkommenssteuer vom Einkommen abgezogen wird, sichert die negative Einkommenssteuer dem Verbraucher ein ausreichendes Einkommen, indem ihm ein zusätzlicher Betrag zugeteilt wird. Die Höhe dieser Summe entspricht einem Prozentsatz des Einkommens, wenn dieser niedriger als ein festgelegter Schwellenwert ist. Angenommen dieser Wert liegt bei 1000 € und der Prozentsatz bei 50 %, dann bekäme jemand ohne Einkommen 50 % von 1000 €, also 500 €.

# SCHWÄCHEN UND ERGÄNZUNGEN VON MILTON FRIEDMANS ANSATZ

## SCHWÄCHEN UND KRITIK

Friedmans Konzepte sind vielfach kritisiert worden. Diese Kritik bezieht sich sowohl auf die Grenzen seiner monetaristischen Theorie, als auch auf einige seiner Lebensentscheidungen.

- Für zeitgenössische Wirtschaftswissenschaftler, wie Robert E. Lucas (geboren 1937) oder Finn E. Kydland (norwegischer Wirtschaftswissenschaftler, geboren 1943), ist Milton Friedmans Monetarismus zu einseitig. Auch allgemein wird Friedmans ultraliberales Erbe kontrovers diskutiert. Der Monetarismus, der Inflation mit einer Erhöhung des Geldbestands gleichsetzt, erscheint den heutigen Wirtschaftswissenschaftlern zu einseitig. Außerdem verfolgen die Zentralbanken heute nicht mehr eine Geldpolitik bei der Inflation vermieden wird, indem die Geldmenge einer festen Zuwachsrate folgen muss. Ein Grund sind die immer komplexeren und sogar risikoreicheren Innovationen bei Finanzprodukten. Heutzutage wird es immer schwieriger Geld von anderen Finanzprodukten auf dem Markt zu trennen. Die Wirtschaftsakteure haben daher eine Auswahl zwischen verschiedenen Finanzprodukten, weswegen die Geldmenge Fluktuationen unterworfen ist. Friedmans Theorie zufolge gibt es keine Beziehung zwischen Inflation und Geldmenge, wenn die Umlaufgeschwindigkeit konstant ist. Dies ist in diesem Fall jedoch nicht richtig.

- Friedmans Position wurde von keynesianisch inspirierten Ökonomen als wirtschaftliche Innovation bezeichnet, die mit dem gesamten bestehenden System bricht. Friedmans Theorie stellte das Gegenteil zu der zu seiner Zeit vorherrschenden Tendenz dar, beispielsweise in Bezug auf Interventionismus, Sanierungsmaßnahmen, einen festen Wechselkurs etc.

- Die Relevanz und Gültigkeit seiner währungspolitischen Hypothesen wurden von der österreichischen Schule hinterfragt. Ihrer Meinung nach ist Friedman ein Anhänger des Keynesianismus und kein Gegner. Nach der Friedman die Meinung vertritt, dass die Finanzkrise 1929 hätte vermieden werden können, wenn das Federal Reserve System (Fed) keine Geldverknappung veranlasst hätte. Die österreichische Schule sieht Friedman daher hinsichtlich seiner währungspolitischen Ansichten als einen Vertreter des Etatismus. Außerdem basieren seine Theorien auf Daten, nicht auf konkreten Beispielen, was an der Glaubwürdigkeit seiner Hypothesen und der Relevanz seiner Theorien zweifeln lässt.

- Seine Zusammenarbeit mit der chilenischen Regierung von Pinochet wurde sehr kontrovers diskutiert. Die größte Kontroverse hinsichtlich Friedmans Leben löste sicherlich seine Beziehung zur chilenischen Regierung aus, vor allem die zu Augusto Pinochet (chilenischer General und Staatsmann, 1915-2006), der 1973 durch einen Staatsstreich an die Macht kam. Zu dieser Zeit stand es schlecht um die chilenische Wirtschaft (Hyperinflation, gelähmte wirtschaftliche Aktivität) und Friedman setzte alles daran, die Finanzen des Lands wieder in Gang zu bringen. Trotz zahlreicher Reformen und positiver Ergebnisse, die ihm zu verdanken sind, verzeihen viele Friedman seine Intervention 1973 nicht und verdächtigen ihn sogar, persönlich im Staatsstreich involviert gewesen zu sein.

## ÄHNLICHE DENKER

Neben Friedman finden sich auch folgende Verfechter des Liberalismus:

- Adam Smith (schottischer Philosoph und Wirtschaftswissenschaftler, 1723-1790) ist einer der Begründer der liberalen Wirtschaftstheorie. Im Zentrum seiner Überlegungen und seiner Philosophie steht die Metapher der „unsichtbaren Hand". Er war davon überzeugt, dass die Individuen dem Gemeinwohl am besten helfen, wenn sie ihre eigenen Interessen verfolgen. Diese Theorie bedeutet, dass staatliche Interventionen im Bereich der Wirtschaft für das Wohlergehen aller auf ein Minimum beschränkt werden sollten. Adam Smiths Theorie wurde über die Jahrhunderte hinweg stark kritisiert, da das Handeln nach persönlichem Interesse sich auch als schädlich herausstellen kann, wenn es nicht vom Staat begrenzt wird.

- Währungstheoretiker der Chicagoer Schule, wie <u>George Joseph Stigler</u>, <u>Ronald Coase</u> etc.
- Andere Wirtschaftswissenschaftler, wie der Amerikaner Robert E. Lucas, der stark von Friedman beeinflusst war: Er ist jedoch radikaler als dieser und davon überzeugt, dass jegliche staatliche Intervention schädlich für die wirtschaftliche Aktivität ist. Außerdem grenzt er sich dadurch ab, dass er den Monetarismus teilweise ablehnt. Während Friedman davon ausgeht, dass die Wirtschaftsakteure sich automatisch einer Veränderung der Geldmenge anpassen, um eine Preiserhöhung zu vermeiden, denkt Lucas, dass diese Anpassung unmittelbar passiert. Wenn die Regierung eine Konjunkturbelebung durch eine Erhöhung der Geldmenge und einem schwachen Zinssatz unternimmt, kennen die Akteure die Risiken einer solchen Politik und würden deshalb sofort und nicht progressiv reagieren und ihr Verhalten anpassen, indem sie die Preis- und Gehaltsentwicklung antizipieren. Lucas, der die freie Marktwirtschaft vorzieht, betont, dass die ursprüngliche staatliche Intervention sich somit als ineffektiv erweisen würde.

# ZUSAMMENGEFASST

## Zeitstrahl

**31. Juli 1912**
Geburt von Milton Friedman

1946
**Wirtschaftsprofessor an der
University of Chicago**

**1953**
Veröffentlichung von *The Methodology
of Positive Economics*

**1962**
Veröffentlichung von *Kapitalismus und Freiheit*

**1963**
Veröffentlichung von *A monetary history
of the United States*

1976
**Wirtschaftsnobelpreis**

**1980**
Veröffentlichung von *Chancen, die ich meine*

**1996**
Gründung der *Friedman Foundation
for Educational Choice*

**16. November 2006**
Tod von Milton Friedman

- Milton Friedman, der aus einer einfachen Familie stammte, war ein herausragender Schüler und wurde zu einem der bekanntesten und einflussreichsten Wirtschaftswissenschaftler des 20. Jahrhunderts.
- Beiträge:
  Friedman hat viele Erfahrungen gesammelt, sowohl bei seiner Arbeit als Dozent als auch beim Staat, und konnte dadurch Theorie und Praxis in seinen zahlreichen Werken zusammenführen:
  - In *Kapitalismus und Freiheit* (1962) entwickelt er sein Konzept der Wirtschaftsfreiheit.
  - In *Monetary History oft he United States* (1963) geht es um seine monetaristische Theorie.
  - In *Die Chancen, die ich meine* (1980) verteidigt er individuelle Freiheit, Wirtschaftsfreiheit und Gleichheit.
- Er ist ein Vertreter des Liberalismus und verbreitete seine monetaristischen Theorien in einer Zeit, in der der Keynesianismus dominierte.
- Friedman begleitete und beriet einige hohe Politiker seiner Zeit, darunter Reagan und Nixon, hinsichtlich:
  - Finanzpolitische Intervention: Friedman

zufolge entsteht eine Inflation immer dann, wenn sich die Geldmenge im Umlauf vermehrt. Der Staat dürfe dann nur eingreifen, um die Situation zu stabilisieren, aber nicht, um Preisänderungen zu verhindern.
  - des Verzichts auf Fiskalpolitik und staatliches Intervenieren.
- Andere Monetaristen der Chicagoer Schule neben Friedman sind George Stigler und Ronald Coase.
- Schwächen der Überlegungen:
  - Milton Friedmans Ansatz wird als zu theoretisch kritisiert. Zudem werden ihm die Grenzen seiner monetaristischen Theorie sowie sein Einschreiten bei der Militärdiktatur von Pinochet in Chile vorgeworfen.

*Ihre Meinung ist uns wichtig!*
*Hinterlassen Sie doch einen Kommentar auf der*
*Seite unserer Online-Buchhandlung*
*und teilen Sie Ihre Favoriten in den sozialen*
*Netzwerken!*

# DARÜBER HINAUS

## LITERATURVERZEICHNIS


- „Adam Smith". In: *Le portail de l'Économie, des Finances, de l'Action et des Comptes publics* (auf Französisch). https://www.economie.gouv.fr/facileco/adam-smith (19.12.2018).

- Daniel, Jean-Marc: „Georges Stigler et l'histoire des idées" (1. Februar 2007). In: *Le Monde.* https://www.lemonde.fr/talents-fr/article/2007/02/01/george-stigler-et-l-histoire-des-idees_821339_3504.html (19.12.2018).

- Daniel, Jean-Marc: „Une Université monétaire des États-Unis 1867-1960, livre de Milton Friedman et Anna Schwartz". In: *Encyclopædia Universalis.* (Auf Französisch). https://www.universalis.fr/encyclopedie/une-histoire-monetaire-des-etats-unis-1867-1960/ (19.12.2018).

- „Déflation". In: *Mataf.net* (auf Französisch). https://www.mataf.net/fr/eco/edu/guide-economie/deflation#utm_source=unknown+referer&utm_medium=trader-finance&utm_term=-contenu&utm_campaign=redirection (19.12.2018).

- Grandin, Greg: „The Road oft he Serfdom. Milton Friedman and the Economics of Empire" (17.11.2006). *counterpunch.* (Auf Englisch). https://www.counterpunch.org/2006/11/17/the-road-from-serfdom/ (19.12.2018).

- „Henry Schultz". In: *Encyclopædia Britannica* (auf Englisch). https://www.britannica.com/biography/Henry-Schultz (19.12.2018).

- „John Maynard Keynes", „Robert Lucas", „Ronald Coase" (21. November 2005). In: *Alternatives Économiques* (auf Französisch).

- „libre-échange". In : *Larousse* (auf Französisch). https://www.larousse.fr/dictionnaires/francais/libre-%C3%A9change_libres-%C3%A9changes/47015 (19.12.2018).

- „Masse Monétaire". In: *Mataf.net* (auf Französisch). https://www.mataf.net/fr/eco/edu/guide-economie/massemonetaire#utm_source=unknown+referer&utm_medium=trader-finance&utm_term=contenu&utm_campaign=redirection (19.12.2018).

- „Milton Friedman". In: *Le portail de l'Économie, des Finances, de l'Action et des Comptes publics* (auf Französisch). https://www.economie.gouv.fr/facileco/milton-friedman (19.12.2018).

- Rivalland, Johan: „Capitalisme et Liberté, de
  Milton Friedman" (27. Oktober 2013). *contrepoints* (auf Französisch).
  https://www.contrepoints.or-
  g/2013/10/27/144042-capitalisme-et-liber-
  te-de-milton-friedman (19.12.2018).

- „Ronald Coase". In: *Le portail de l'Économie, des
  Finances, de l'Action et des Comptes publics* (auf
  Französisch).
  https://www.economie.gouv.fr/facileco/
  ronald-coase (19.12.2018).

- Vintray, Alexis: Réédition de Capitalisme et
  liberté, par Milton Friedman" (16. Mai 2016). In:
  *contrepoints* (auf Französisch).
  https://www.contrepoints.or-
  g/2016/05/16/5554-capitalisme-et-liberte-mil-
  ton-friedman (19.12.2018).

# WEITERFÜHRENDE LITERATUR

- Friedman, Milton: *Die optimale Geldmenge und
  andere Essays*. Verlag Moderne Industrie: München
  1970.

- Pies, Ingo; Leschke, Martin: *Milton Friedmans
  ökonomischer Liberalismus*. Mohr Siebeck:
  Tübingen 2004.

- Smith, Adam: *Wohlstand der Nationen*. Anaconda
  Verlag: Köln 2013.

# MEHR AUF 50MINUTEN.DE

- Verboomen, Gabriel: *Karl Marx. Klassenkampf und Kapital – Der Mensch im Mittelpunkt.* Aus dem Französischen von Ruth Miriam Alvermann. Plurilingua Publishing: Brüssel 2018.

- Bomba, Alberto: *Allgemeine Theorie der Beschäftigung, des Zinses und des Geldes von John Maynard Keynes (Zusammenfassung & Analyse). Ein revolutionärer Ansatz zur optimalen Ressourcennutzung.* Aus dem Französischen von Mareike Lobeck. Plurilingua Publishing: Brüssel 2018.

- Speth, Christophe; Feys, Brigitte: *Adam Smith. Wie Der Wohlstand der Nationen die Wirtschaftswissenschaft revolutionierte.* Aus dem Französischen von Mareike Lobeck. Plurilingua Publishing: Brüssel 2019.

## NOCH NICHT GENUG?

- *Milton & Rose D. Friedman Foundation. Educational Choice* (auf Englisch). http://www.friedmanfoundation.org/ (19.12.2018).

ISBN digitale Ausgabe: 9782808010078

ISBN gedruckte Ausgabe: 9782808016490

Pflichtexemplar: D/2018/12603/593

Cover: © Plurilingua

Digitale Aufbereitung: Primento, der digitale Partner der Herausgeber